Hidayat Inayat-Khan

Der Pfad des Erinnerns

Lehren zum Gesungenen Zikar
von Hazrat Inayat Khan

Hidayat Inayat-Khan

Der Pfad des Erinnerns

Lehren zum Gesungenen Zikar
von Hazrat Inayat Khan

Inayat-Khan, Hidayat

Der Pfad des Erinnerns
Lehren zum Gesungenen Zikar
von Hazrat Inayat Khan

Zürich: Verlag Petama Project, Zürich, 2008

Veröffentlicht durch: Petama Project, Puran Füchslin
Kanzleistrasse 151, 8004 Zürich
Email: puran@petama.ch
www.petama.ch

Übersetzung
aus dem Englischen: Puran Füchslin
Originaltitel: Path of Remembrance

Gestaltung und Buchlayout: Petama Project, Zürich

Herstellung: Books on Demand GmbH
Norderstedt - www.bod.ch

2. Auflage by Petama Project
Copyright © 2008 Hidayat Inayat-Khan

ISBN 978-3-907643-04-4

Bibliografische Information der Deutschen Nationalbibliothek:
Die Deutsche Nationalbibliothek verzeichnet diese Publikation in der Deutschen Nationalbibliografie;
detaillierte bibliografische Daten sind im Internet über http://dnb.d-nb.de abrufbar.

Inhaltsverzeichnis

	Vorwort	6
	O Sufi, wusstest du...	9
1.	Der äussere Zikar	10
2.	„Komm in den Tempel meines Herzens"	14
3.	Beschreibung des Gesungenen Zikars	17
4.	„Wie bereiten wir uns darauf vor?"	24
5.	Zikar	30
6.	Der Gesungene Zikar	40
7.	Ohne jeden Wunsch oder Begierde	48
8.	Kegel von Licht und Klang	52
9.	Die mystische Geometrie des Zikars von Hazrat Inayat Khan	58
10.	Der Chromatische Zikar	71

Vorwort

Der Zikar ist eine geistige Übung im Herzen des Sufismus, in der die uralten Silben „La El La Ha, El Al La Hu" rhythmisch wiederholt werden, begleitet von Kopf- und Körperbewegungen. Die Silben bedeuten, frei übersetzt: „Gott allein existiert, nichts existiert ausser Ihm". Der erste Teil der Formel „La El La Ha", ist eine Hingabe. Der Suchende hofft, darin die Illusion des Gefangenseins beiseite legen zu können. Der zweite Teil des Zikar „El Al La Hu" bestätigt die allumfassende Göttliche Gegenwart.

Als Einheit umfassen die beiden Teile des Satzes die Sichtweise des Sufi, der keinen Dogmen anhängt und Wahrheit in allen Formen und in allen Wesen erkennt. Daher empfindet der Sufi Hochachtung gegenüber allen Religionen und Formen der Anbetung, weil er erkennt, dass alle von der gleichen Göttlichen Quelle inspiriert sind.

Das Zentrum der Konzentration im Zikar ist das Herz. Das Herzzentrum wurde das Eingangstor zur Seele genannt, oder Altar im Tempel Gottes; die Zikar-Übung schlägt immer wieder dieses Zentrum an, um den Funken der Liebe hell aufleuchten zu lassen. Dadurch wird der Zakir (der Ausübende des Zikar) beugsamer und aufmerksamer gegenüber dem Leben, im Innern ebenso wie gegenüber der äusseren Welt. Mit den Worten unseres Meisters Hazrat Inayat Khan: „der Ausdruck des Antlitzes wird harmonisch, die Stimme melodiös, die Ausstrahlung heilsam... Es gibt nichts, was nicht im Zikar erfüllt werden könnte..."

Wie in diesem Buch erwähnt, gibt es viele Formen des Zikar, die sich in Melodie und Bewegung unterscheiden. Unsere Absicht ist es, hier einige Informationen zum Zikar zu geben, wie ihn Hazrat Inayat Khan, der die Sufi-Botschaft in den Westen brachte, gelehrt hat.

Der Zikar, wie ihn Hazrat Inayat Khan seine Schüler lehrte, ist die Frucht tiefer mystischer Einsicht und höchster musikalischer Einstimmung. Er verwendet althergebrachte Worte, für die unser Meister eine Melodie schuf, die auf diese Übung und auf unsere Zeit abgestimmt ist. Es kommen traditionelle Bewegungen und Visualisierungen dazu, so dass das Ganze eine reich schwingende Erfahrung bildet, in der sich die Illusion einer getrennten Identität im Bewusstsein der Göttlichen Gegenwart auflösen mag.

Dieses Buch möchte denen ein paar Informationen und Erfahrungen weitergeben, die den Gesungenen Zikar von Hazrat Inayat Khan praktizieren. Der Zikar wird mündlich weitergegeben; doch können diese Seiten dazu beitragen, die Schönheit, Gnade und Würde dieser zutiefst wertvollen Übung am Leben zu erhalten und vielleicht ein paar Tore zu öffnen. Sie sollen nicht dazu dienen, Spekulationen Nahrung zu geben über Dinge, die man nicht versteht; auch nicht, um sich mit „spirituellen Errungenschaften" zu brüsten.

Für jene, die den Zikar noch nicht erlebt haben, wird dieses Buch von wenig Nutzen sein, es mag vielleicht Interesse wecken. Der Zikar kann genauso wenig in einem Buch erklärt werden, wie man die Farbe von Milch jemandem erklären kann, der sie nicht gesehen hat; direkte Erfahrung ist das einzig Mögliche. Wenn man jedoch den Zikar vielleicht nur ein einziges Mal ausgeführt hat, können diese Seiten die Erfahrung vertiefen.

Die Darstellung in Wort und Bild ist kein Ersatz für das eigene Erforschen, doch werden sie mit der ehrlichen Hoffnung angeboten, dass sie nützlich sein mögen auf dem Pfad.

Schliesslich ist zu erwähnen, dass dieses Buch das Resultat tiefer Hingabe und vieler hilfreicher Hände ist, wofür wir herzlich danken wollen. Zuerst einmal gilt unser Dank Hidayat Inayat-Khan, dessen Anweisungen und Ermutigungen zur Zikar-Übung viele Samen gepflanzt haben. Dann Sufia Sill, die als erste ein solches Buch in Betracht gezogen hatte und mehrere Jahre Arbeit in das erste Manuskript investierte, Zubin Schut, Puran Goddard, David Murray, Akbar Kieken, und natürlich „all jenen, die, der Welt bekannt oder unbekannt, das Licht der Wahrheit hochgehalten haben im Dunkel menschlicher Unwissenheit" mit tiefer Hochachtung und Dankbarkeit.

Nawab Pasnak, Sufi Movement Canada

Zur deutschen Übersetzung:

Das Original unter dem Titel „Path of Remembrance" kam im Jahre 1999 heraus, viele Jahre hatte Hidayat Inayat-Khan mit den Sufi-Schülern in Canada zusammengearbeitet, auf diese Weise entstand dieses Buch.

Das Petama Project hat die Veröffentlichung der deutschen Übersetzung an die Hand genommen, mit Unterstützung und freundlichen Genehmigung von Hidayat Inayat-Khan.

Zürich, Herbst 2008 Puran Füchslin

OH SUFI, WUSSTEST DU...

dass „Bruder- und Schwesterschaft"
das Schiff ist, mit dem wir segeln
auf den grossen Wassern
von Liebe, Harmonie und Schönheit;
geleitet vom Kompass
des Geistes der Führung,
bewegt von der Energie der Geistigen Freiheit;
auf das Ziel zu, der Auslöschung des Ego
wo wir vielleicht erkennen, dass der Segler
in Wirklichkeit die Göttliche Gegenwart ist,
die in Vergangenheit, Gegenwart und Zukunft
auf den Wellen unserer Illusion segelt.

Hidayat Inayat-Khan

1. Der Äussere Zikar *

Der Äussere Zikar, der ohne Worte im Sufi-Gebet „Saum" enthalten ist, kann als Vorbereitung betrachtet werden für die geistige Sufi-Übung, die Amal genannt wird. Der Äussere Zikar wird auch als besondere Einstimmung des Bewusstseins vor allen Formen des eigentlichen Zikars ausgeführt. Diese Vorbereitungsphase kann man als Einstimmung darauf verstehen, dass wir uns gewahr werden, ein „Akasha", ein Gefäss zu sein, in dem sich die Göttliche Gegenwart manifestieren kann.

---

*   *Hidayat Inayat-Khan - Leader's Retreat 1999*

*Wichtig ist, dass alle vier Stufen des Äusseren Zikars
mit geschlossenen Augen ausgeführt werden.*

Erste Stufe

Wenn wir sagen: „Dies ist nicht mein Körper, dies ist der Tempel Gottes", verstärken wir im Geiste die Wirklichkeit der Göttlichen Gegenwart, während sich gleichzeitig die Bedeutung des Akashas vermindert. Wenn wir mit drei Fingern eine horizontale Linie zeichnen, die von links nach rechts über unsere Brust führt, empfinden wir ein Bedürfnis, uns vorwärts zu bewegen, von der Unvollkommenheit zur Vollkommenheit hin. Dann stimmen wir uns auf den Pranakanal ein, indem wir eine senkrechte Linie von der Stirn nach unten ziehen; entlang dieses Kanals wird die Göttliche Gegenwart in den Tempel unseres Herzens eingeladen.

Anfänger mögen in der ersten Stufe die Augen noch offen halten, besonders wenn die Übung gemeinsam ausgeführt wird.

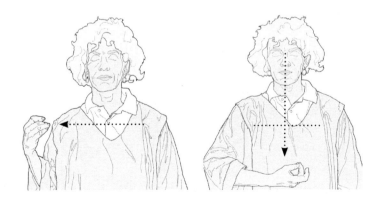

Zweite Stufe

Die zweite Stufe des Äusseren Zikars ist eine psychologische Einstimmung; in ihr werden wir uns, angesichts der alldurchdringenden Wirklichkeit der Göttlichen Gegenwart, der Illusion des Egos bewusst. Auf dieser Stufe versuchen wir, uns selber ausserhalb „unseres Selbst" stehend zu sehen, während wir die gleichen Linien wie zuvor auf unser Ebenbild vor uns zeichnen, jedoch mit dem Unterschied, dass diesmal die Hand aufwärts gerichtet ist, wenn sie die horizontale Linie über die Brust zeichnet (aus der Sicht des Betrachters von rechts nach links). Die Handfläche zeigt auch nach oben, wenn wir die senkrechte Linie zeichnen. Das illusionäre umgekehrte Bild von uns selbst symbolisiert das Individuum, das aus Göttlicher Sicht betrachtet wird.

Dritte Stufe

In der dritten Stufe betrachten wir uns immer noch von aussen wie in Stufe zwei, doch die horizontale Linie von rechts nach links und die senkrechte Linie von der Stirn abwärts werden nun im Geiste mit den Augen ausgeführt, in einer entspannten und weichen Bewegung des Kopfes, statt mit der Handbewegung wie in Stufe eins und zwei.

Vierte Stufe

In der vierten Stufe wird diese Übung als Fikar ausgeführt. Hier wird das gleiche Kreuzzeichen mit dem Atem gezeichnet, koordiniert mit den in Gedanken rezitierten Worten des Zikar: „La El La Ha, El Allah Hu." Die Worte „La El La Ha", verbunden mit dem Ausatmen, stellen wir uns als Energie vor, die eine horizontale Linie zeichnen, die aus der Sicht des Betrachters von rechts nach links über die Vorstellung des eigenen Ebenbildes vor uns verläuft. Beim Einatmen zeichnen die Worte „El Allah Hu" eine senkrechte Linie von der Stirn zum Herzchakra. Es ist ratsam, auf der vierten Stufe die Worte „La El La Ha" beim Ausatmen zuerst durch den Mund zu führen, später können die Worte auf dem Atemstrahl durch die Nase geführt werden.

2. „Komm in den Tempel meines Herzens" *

Der Zikar ist eine höchst heilige Erfahrung. Wir wissen, dass das Wort Zikar „Erinnern" bedeutet, und wir versuchen so oft wir können, uns an die Göttlichen Gegenwart zu erinnern.

Nun gibt es den Jelal-Zikar, der eine ganz besondere geistige Übung ist, die der Einweihende dem Eingeweihten gibt, seinem Gefühl, Verständnis und Zuneigung entsprechend. Dieser Jelal-Zikar, der mit anderen Worten auch „Wazifa-Zikar" genannt werden könnte, ist eine äusserst bestärkende Wiederholung dieser Aussage: „Nichts existiert ausser Gott, Gott allein ist!" Er ist eine Bestätigung, er ist eine Überzeugung, und natürlich ist er eine enorm kraftvolle Übung; deshalb sollte man sehr vorsichtig sein mit der Anzahl der Wiederholungen.

---

* *Hidayat Inayat-Khan - Summer School Murad Hassil 1986*

Ausser diesem Jelal- oder Wazifa-Zikar gibt es das, was wir den Jemal- oder „Gesungenen Zikar" nennen können, der nicht jene kraftvolle Bestätigung ist, sondern der empfängliche Aspekt, der Jemal-Aspekt davon, wenn man die göttliche Gegenwart anruft, in den Tempel des Herzens einzutreten. Im Jelal-Zikar, wo wir es mit einer Bestätigung zu tun haben, liegt die Betonung im Zikar eins auf „El Allah Hu", was bedeutet „Gott allein ist!"; dann danach auf „Allah Hu", das auch eine Bestätigung bedeutet: „Gott ist!" und dann natürlich: „Hu". In all diesen Aspekten des Wazifa-Zikar liegt die Betonung auf der Abwärts-Bewegung auf das Herzchakra zu, während im Gesungenen Zikar, der Jemal und empfänglich ist, die Betonung anders liegt. Sie ist „El", „komm", „El Allah Hu". Wohin? In mein Herz. Daher lösen die Worte eine andere Wirkung aus, weil sie auf das Herz gerichtet sind und eine Anrufung an die Göttliche Gegenwart beinhalten.

Ein anderer Aspekt der Meditation, den wir hier erarbeiten wollen ist, dass der Zikar eins, der erste Teil des Gesungenen Zikars, ein Liebeslied an Gott ist. Hier öffnet sich unser Herz dem Geliebten. Er ist ein Liebeslied, und er kann nur Sinn machen, wenn er mit Liebe gesungen wird. Wir bitten den Göttlichen Geliebten, in unser Herz zu kommen. Dies ist der zweite Schritt, einen Schritt weiter. Hier steht die Vorstellung der Dualität, „der Geliebte und mein Herz" - wir haben das eigentliche Ziel des Zikars noch nicht erreicht. Zikar eins ist das Liebeslied an den Geliebten, und Zikar zwei ist eine Anrufung an die Göttliche Gegenwart, in den Tempel unseres Herzens zu kommen. Zikar drei ist ein weiterer Schritt voran; Gott antwortet, Gott ruft seinerseits und sagt: „Aber ich bin ja hier in Deinem Herzen; Du sahst mich nicht, doch ich war immer hier."

Nun kommen wir zum wirklichen Ziel des Zikars; wenn man den Zikar vier nicht ausführt, geht man nicht wirklich so weit, wie man dies tun sollte. Zikar, die Bedeutung des Zikars ist, sich selber in der Gegenwart des Göttlichen zu vergessen. Dies ist der Grund, weshalb Zikar vier so wichtig ist, weil man erkennt: „Ja, Gott ist hier, doch ich bin nicht mehr." Der Geliebte ist hier, doch der Liebende ist nicht mehr; es gibt nur noch Geliebten und Liebe.

3. Beschreibung des Gesungenen Zikars *

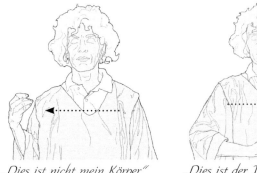

„Dies ist nicht mein Körper"   „Dies ist der Tempel Gottes"

Die übliche Vorbereitung auf den Gesungenen Zikar ist der Äussere Zikar, der 11 oder 33 mal wiederholt wird. Wie wenn man einen Stift aus Licht in der rechten Hand halten würde, zieht man zuerst eine gerade Linie von der linken Schulter zur rechten und sagt: „Dies ist nicht mein Körper". Dann zeichnet man eine senkrechte Linie von der Scheitel bis zum Solarplexus und sagt: „Dies ist der Tempel Gottes".

Die übliche Haltung für den Zikar ist das Sitzen mit gekreuzten Beinen auf dem Boden. Für jene, die dies als schwierig empfinden, ist das Sitzen auf dem vorderen Rand eines Stuhls eine gute Alternative. Man sollte wenn möglich die Rückenlehne nicht als Stütze benützen und sich einen Stuhl aussuchen, der keine Armlehnen aufweist, so dass sich der Körper frei bewegen kann. Die Hände sollten locker auf den Knien ruhen. Die rechte Hand unterstützt jeweils den Beginn jeder Rotation.

---

*   Hidayat Inayat-Khan

Der Zakir beginnt mit gesenktem Kopf, der dem Herzen zugeneigt ist, und beschreibt dann einen Kreis vom Herzchakra zur rechten Schulter, hoch zum Kronenchakra und dann hinunter ins Herzchakra und bleibt im Herzen bis zum Anfang der nächsten Sequenz. Dieser Kreis hat sein Zentrum im Kehlchakra.

la

el Allah hu

el la

ha

Im Zikar eins wird die Phrase „La El La Ha, El Allah Hu" wiederholt. Der zeitliche Ablauf der Kopfbewegung ist so, dass der Kopf beim zweiten „El" ins Herz-Chakra fällt.

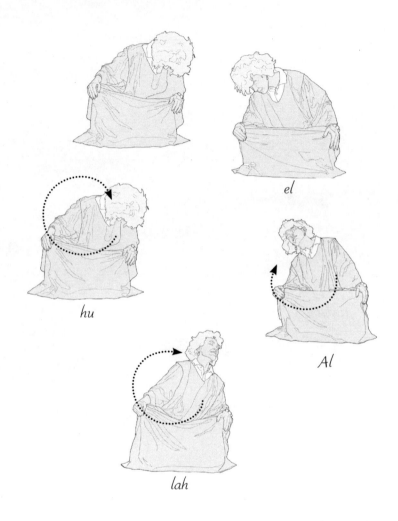

Im Zikar zwei wird die Phrase „El Allah Hu" wiederholt. Der zeitliche Ablauf der Kopfbewegung ist so, dass der Kopf beim letzten Klang „Hu" ins Herz-Chakra fällt.

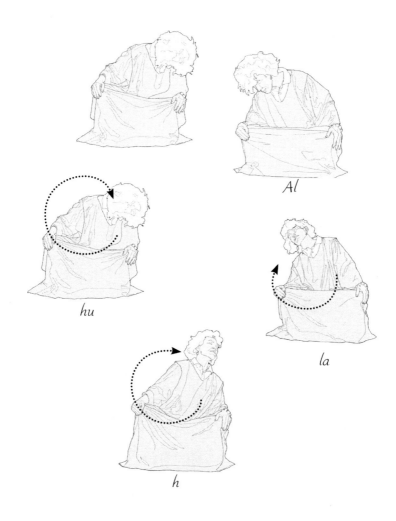

Im Zikar drei wird die Phrase „Allah Hu" wiederholt. Der zeitliche Ablauf der Kopfbewegung ist so, dass der Kopf beim letzten Klang „Hu" ins Herz-Chakra fällt.

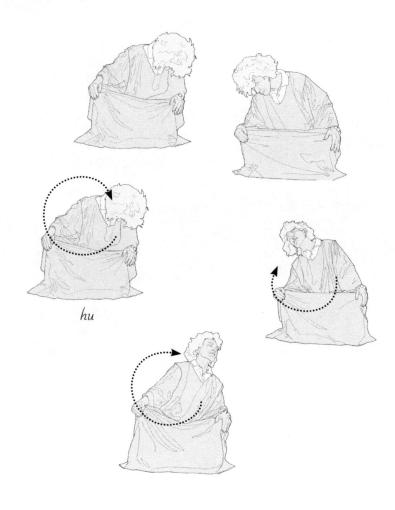

hu

Im Zikar vier wird die Phrase „Hu" wiederholt. Der zeitliche Ablauf der Kopfbewegung ist so, dass der Kopf beim letzten Klang „Hu" ins Herz-Chakra fällt.

Die Bewegung des Kopfes und des Körpers ist in allen vier Teilen des Zikars gleich. Mit jeder Wiederholung jeder Phrase wird eine vollständige Rotation ausgeführt.

Der Körper bewegt sich kreisförmig, wie wenn er die Form eines umgekehrten Kegels beschreiben würde, bei dem die Basis der Wirbelsäule die Spitze des Kegels ist.

4. „Wie bereiten wir uns darauf vor?" *

Frage: Was tut nun jemand, der zu einem Zikar-Abend kommt? Wie bereiten wir uns darauf vor?

Antwort: Da der Zikar eine zutiefst heilige Zwiesprache mit dem Göttlichen ist, werden wir natürlich mit sauberen Kleidern und sauberen Händen zu diesem Abend kommen. Wir sollten, soweit dies möglich ist, alle negativen Schwingungen hinter uns lassen und jede Anstrengung unternehmen, diesen Zikar zu einer Zusammenkunft von Brüdern und Schwestern der einen und gleichen Familie werden zu lassen.

---

* *Hidayat Inayat-Khan in einem Interview mit Akbar Kieken im Rocky Mountain Sufi Camp 1983*

Frage: Ist es in Ordnung, wenn wir vor dem Zikar mit anderen sprechen?

Antwort: Es ist schön, wenn wir vor dem Zikar zueinander etwas Kontakt schaffen; wenn sich Gleichgesinnte zu einem Zikar treffen, schaffen sie mit dem gegenseitigen Kontakt eine gewisse Distanz zu möglichen negativen Einflüssen, die sie vielleicht mitgebracht haben. Und dadurch wird vor dem Zikar eine harmonische Atmosphäre geschaffen.

Frage: Wie sollte die geistige Einstellung des Einzelnen sein, bevor der Zikar beginnt?

Antwort: Die richtige Einstellung vor dem Zikar entsteht in wunderschöner Weise, wenn wir das tun, was Hazrat Inayat Khan als „Äusseren Zikar" bezeichnet hat. Dies ist eine Vorbereitung, bei der wir mit dem Finger eine horizontale Linie über den Körper ziehen und sagen: „Dies ist nicht mein Körper", und eine senkrechte Linie von der Stirn zum Solarplexus und dazu sagen: „Dies ist der Tempel Gottes". Wenn wir diese zweite Linie zeichnen und dazu sagen: „Dies ist der Tempel Gottes", versuchen wir uns bewusst zu machen, dass dieser Körper etwas Heiliges ist, und weil er heilig ist, sollten wir ihm gegenüber Respekt empfinden.

Frage: Weshalb verwenden wir aufgezeichnete Musik? Was ist der Zweck der aufgezeichneten Begleitung zum Gesungenen Zikar?

Antwort: Es gibt zwei wichtige Aspekte, die man beim Üben des Zikars beachten sollte. Der eine ist, den Ton immer auf einer bestimmten Höhe zu halten; und der andere ist, den Rhythmus während der ganzen Zeit konstant zu halten. Durch die musikalische Begleitung auf dem Tonträger werden wir mit der gleichbleibenden Tonhöhe geführt, und der Rhythmus im Hintergrund unterstützt uns sehr während der ganzen Übung.

Frage: Und weshalb ist es so wichtig, dass alle im gleichen Rhythmus sind?

Antwort: Weil wir ein Netzwerk von Energie aufbauen, und damit dieses Netzwerk von Energie entstehen kann, muss jedes Element darin mit jedem anderen in Harmonie sein. Wenn wir zum Beispiel einen Tempel aus Stein bauen, müssen wir uns vergewissern, dass alle Steine, die dazu verwendet werden, die gleiche Grösse und Form haben, um eine harmonische Struktur des Tempels zu erreichen.

Frage: Könnten Sie uns eine Vorstellung davon geben, wie man den Tonträger verwenden soll?

Antwort: Auf diesem Tonträger sind vier Teile: Zikar eins, zwei, drei und vier. Am Anfang eines jeden stehen drei Wiederholungen der Grundmelodie dieses bestimmten Teils. Sie ertönen, um uns den Klang und den Rhythmus vorzustellen. Danach beginnt in der vierten Wiederholung die rhythmische Begleitung, dann beginnen wir. Dabei lassen wir uns während der ganzen Übung von der Melodie und dem rhythmische Muster führen. Bei allen vier Zikars kündigt eine Glocke bei der vorletzten Wiederholung das Ende an, und die letzte Wiederholung ist langsamer.

Frage: Wo liegen die Betonungen in den vier Teilen des Gesungenen Zikars?

Antwort: Im Zikar eins liegt die Betonung auf der ersten Silbe des zweiten Teiles der Phrase - wie folgt: „La El La Ha, **El** Allah Hu". Bei den drei anderen, Zikar zwei, drei und vier liegt die Betonung nur auf dem **Hu**.

Frage: Könnten Sie uns bitte etwas zur Bedeutung der vier Teile des Gesungenen Zikars sagen?

Antwort: Jedes Mal verringern wir die Länge der Phrase des Zikars und vertiefen zur gleichen Zeit die eigentliche Aussage, die im Zikar liegt. Der erste Zikar besteht aus der Phrase: „La El La Ha", was ungefähr bedeutet: „Nichts existiert ausser(halb) Gott(es)", und wird gefolgt von „El Allah Hu", was bedeutet: „Gott allein existiert." Zikar zwei sind die Worte: „El Allah Hu", was wiederum bedeutet: „Gott allein existiert." Zikar drei sagt: „Allah Hu", was bedeutet: „Gott ist", und Zikar vier sagt: „Hu", was in Wirklichkeit bedeutet: „Ist", „Alles ist", und nichts anderes „Ist". Und wenn wir den Klang „Hu", den Grundton des Universums, singen, müssen wir versuchen, uns auf die Schwingung einzustimmen, die dieser Klang in Wirklichkeit aufbaut. Und jedes Mal, wenn wir diesen Klang erzeugen, ist es, wie wenn man mit einem Hammer auf einen Gong schlägt, und dieser Klang schwingt dann ewig weiter im Universum.

Frage: Könnten Sie uns bitte etwas zur Rotation im Gesungenen Zikar sagen? Er scheint anders zu sein als in anderen Zikars.

Antwort: Während der Rotation ist nicht nur der Kopf, sondern der ganze Torso in Bewegung. Was die Bewegungsrichtung betrifft, beginnt die Rotation im Herzchakra, geht zur rechten Schulter, dann ganz hinauf und kommt schliesslich ins Herzzentrum zurück.

Frage: Gibt es eine Vorstellung, die wir im Gemüt halten können während des Zikars?

Antwort: Während dieser Rotation können wir vielleicht versuchen, mit geschlossenen Augen einen leuchtenden Kreis zu zeichnen, der das Herzchakra zum Zentrum hat. Mit andern Worten versuchen wir, uns die Rotation alles umfassend vorzustellen, erleuchtet durch den Kreis aus Licht, den wir mit geschlossenen Augen zeichnen.

Frage: Können Sie etwas zum Atem sagen?

Antwort: Der Atem ist im Zikar sehr wichtig, weil wir während dem Singen des Zikars ausatmen, und je lauter wir den Zikar singen, umso mehr Luft wird ausgeatmet. Dies ist nichts anderes als eine Art Reinigungsübung, weil wir nicht nur ausatmen, sondern auch alle negativen Schwingungen, wie zum Beispiel jene, die Ich-Bewusstsein aufbauen, von uns werfen. Zum Beispiel: Im Zikar vier singen wir das „Hu" während sechs Schlägen; dabei atmen wir während dem Singen das Maximum an Luft aus, und gleichzeitig ist unsere ganze Konzentration darauf gerichtet, den Klang im Herzchakra als Echo eines Gongs wiederklingen zu hören.

Frage: Und was ist die Meditation im Gesungenen Zikar?

Antwort: Die Meditation während des Zikars ist natürlich, die Worte, die wir aussprechen, „La El La Ha, El Allah Hu," zur Wirklichkeit werden zu lassen; sie bedeuten: „Nichts existiert ausser Ihm, Gott allein existiert". Und wenn wir diese Formel mehrere Male wiederholt haben, fangen wir an, dies in unserem Gemüt automatisch zu tun, und danach wird eine Zeit kommen, in der wir über diese Worte meditieren können, ohne uns den Sinn dieser Worte besonders einprägen zu müssen.

Frage: Was geschieht, wenn andere Gedanken in die Meditation eindringen, wie dies so oft geschieht?

Antwort: Es gibt verschiedene Wege, diese Gedanken draussen zu behalten während des Zikars; eine der besten Methoden ist, wenn wir einfach das Gemüt wieder auf den eben beschriebenen leuchtenden Kreis zurückführen.

Frage: Was sollen wir tun, wenn der Zikar zu Ende ist?

Antwort: Nach dem Zikar ist es sehr ratsam, eine Stille von mindestens zehn Minuten zu halten. Darin können wir versuchen, den Klang „Hu" wieder zu hören; er schwingt in unserem ganzen Wesen weiter, besonders in den Chakras und auch im Raum, in dem der Zikar ausgeführt wurde. Wir können versuchen, den leuchtenden Kreis nachzuzeichnen, den wir während der Rotation im Geiste gezeichnet haben; dieser Kreis wird nach und nach kleiner, bis er am Ende ein Lichtblitz wird, den wir oberhalb des Kronenchakras aufleuchten sehen. Mit anderen Worten ist die grösste Wirkung des Zikar, dass wir den Klang „Hu" im Herzchakra weiter hören und dieses wunderbar helle Licht weiter sehen können. Sogar Tage später kann es sein, dass wir uns dabei ertappen, den Klang „Hu" zu hören oder Funken dieses hellen Lichts zu sehen.

5. Zikar *

Der Zikar ist ein Prozess der Wiederholung heiliger Worte als Meditation, damit sich die Bedeutung der Worte unserem ganzen Wesen einprägen. Die Vedanta haben diesen Prozess „Mantra Yoga" oder „Jap" genannt. Die Sufis haben ihm in allen Epochen der Zeitgeschichte grosse Bedeutung beigemessen. Die Gedanken, die Schwingung des heiligen Wortes in Kombination mit der synchronisierten Körperbewegung machen aus ihm eine vollkommene Konzentration. Ein gewissenhafter Schüler braucht nicht länger als sechs Wochen, um seine Wirkung auf das Selbst zu entdecken. Er ist wunderbar in seiner Kraft als Vermittler innerer Verwirklichung.

---

* *Lehren von Hazrat Inayat Khan, interpretiert von Hidayat Inayat-Khan*

Shams Tabriz sagt in diesem Zusammenhang: „Allah, Allah, sage Allah, und Allah wirst Du werden; ich bestätige Dir nochmals, dass Du sicher Allah werden wirst." Die wahrsten spirituellen Menschen in der Welt haben der Wiederholung des Namens Gottes grösste Bedeutung beigemessen, weil der Zikar gerade deswegen eine sichere Methode für den spirituellen Fortschritt ist.

Der Wert der Wiederholung

Viele betrachten es als sehr monoton, immer und immer wieder das Gleiche zu sagen, das gleiche Wort, den gleichen Gedanken zu denken; doch sie sind sich nicht bewusst, welchen Wert die Wiederholung in sich trägt. Jedes Mal, wenn ein heiliges Wort wiederholt wird, trägt es mehr Leuchtkraft in sich, deshalb wird es auch immer wiederholt. Man kann die Wiederholung als eigentliche Quelle des Erfolgs sehen, für einen Sänger ebenso wie für die Fertigkeit eines jeden Künstlers. Jedesmal, wenn der Sänger ein Lied wiederholt, entwickelt er mehr Meisterschaft; je mehr Zeit ein Künstler seinem Werk widmet, desto besser wird das Resultat werden. Der Fortschritt wird dazu umso grösser sein, je weiter man darin fortschreitet.

Es gibt Menschen, die während vierzig oder fünfzig Jahren ihres Lebens ein heiliges Wort wiederholt haben; und jedes Jahr brachte das Wort tiefere innere Verwirklichung. Einige haben im Zikar jeden Augenblick ihres inneren Lebens Fortschritt verwirklicht.

Die Musik des Gesungenen Zikars

Der Gesungene Zikar weist eine ihm eigene Besonderheit auf, wenn man ihn mit den anderen Übungen vergleicht: Er widerhallt im Körper und im Gemüt und bringt die Materie und den Geist des Zakir in Rhythmus. Musik ist Rhythmus und Ton, und wenn dank dem Zikar beide in unserem Körper und Geist Ausdruck finden, wird das ganze Wesen des Zakir musikalisch. Im „Sama", der musikalischen Zusammenkunft der Sufis, hat die Musik eine grosse Wirkung auf den Zakir. In der Sufi-Musik, die auf der Basis von Ragas komponiert ist, wird ein besonderes Gewicht auf den Rhythmus gelegt, um die erwünschte Wirkung im physischen und geistigen Wesen des Zakir hervorzubringen.

Wer empfänglich ist für Musik, ist auch erwacht zur Musik der ganzen Natur; mit anderen Worten zu allem, was schön ist, weil er vollständig lebendig geworden ist. Wer nicht empfänglich ist für Liebe und wer all die Schönheit um ihn herum nicht bewundert, ist wie tot; und der Grund weshalb er nicht darauf antwortet ist, dass er unmusikalisch ist - nicht im Sinne der Musik, die Musiker spielen, sondern im Sinne der allumfassenden Musik der Natur. Der Sufi nennt die Musik daher „Ghiza-i-Ruh", was „Nahrung der Seele" bedeutet. Der Zakir, der Lebendige, ist im Vergleich mit dem unmusikalischen, dem Toten, wie ein Baum im Vergleich zum Fels. Der Fels ist fest und stabil und scheinbar tot, während sich der Baum neigt, bewegt und unablässig wächst. In der Bewegung ist Leben; der Bewegungslose ist leblos.

Durch den Zikar wird das Wesen des Zakir harmonisch; seine Stimme wird melodiös, seine Gegenwart inspirierend. Der Zakir erfüllt die Atmosphäre mit Magnetismus. Es gibt nichts, was nicht im Zikar erreicht werden könnte, ob in spirituellen oder materiellen Dingen. Durch den Zikar haben einige besondere Seelen durch die Befreiung vom Selbst ideale Vollkommenheit erreicht.

RHYTHMUS

Das regelmässige Funktionieren des physischen Körpers trägt viel zu unserer Gesundheit bei, und dank Regelmässigkeit kann die Seele ihren Zweck erfüllen, sie hat den Körper als Instrument dazu erhalten. Im Allgemeinen bringt Unregelmässigkeit im Schlaf oder Essen, in der Aktivität oder der Ruhe den Körper in Unordnung; viele Krankheiten entstehen aus Mangel an Rhythmus.

Der Zikar hat eine unmittelbare Wirkung auf das Herz und bringt es sofort in Rhythmus; auch der Blutkreislauf übernimmt den neuen Rhythmus, den der Zikar vorgibt. Mit anderen Worten wird der physische Körper in jeder Form rhythmisch, der erste Schritt hin zur Spiritualität.

DER LEBENSFUNKE

Über Tausende von Jahren haben die Mystiker des Ostens die Kraft des Klangs und das Geheimnis der Wiederholung geübt, erfahren und verwirklicht. Wenn ein Meister einem Schüler den Rat gibt, ein Wort so viele hundertmal oder so viele tausendmal zu wiederholen, tut dies der Schüler willig. Einige wiederholen einen einzigen Ton oder ein heiliges Wort während Jahren, und manchmal ihr ganzes Leben lang, ohne jemals müde zu werden, immer und immer wieder das Gleiche zu tun. Das Resultat beweist ihnen den Wert; jeden Monat und jedes Jahr wird das Licht ihrer Spiritualität durch die Wiederholung des gleichen Wortes heller.

Der Zikar hat zwei Dimensionen: die eine ist seine Energie oder Geist, und die andere ist sein Akasha oder seine Materie. Der Geist ist der Atemstrom, der ganz natürlich erweitert wird mit jeder Wiederholung des Zikar. Das Akasha des Zikar wird durch die Wiederholung des heiligen Wortes geschaffen. Das Akasha ist das Feuerelement, und der Atemstrom ist Leben. Wenn sich das Leben als Feuer manifestiert, wird das Herz auf natürliche Weise wärmer, und die Kälte, Zustand vieler Herzen ist, beginnt zu schwinden.

Dann drücken alle Wärme aus, Wort, Stimme, Atmosphäre, Blick und Berührung; die Gegenwart des Zakir strahlt warme Schwingungen aus. Mit der Zeit wird der Zakir auf jede Form und jedes Wesen antworten. Diese Wärme lässt das Feuer auflodern, und daraus springt eine Flamme empor, die den Pfad des Zakir erhellt. Der Zikar ist im geistigen Training des Zakir von besonderer Wichtigkeit, und durch den Zikar erreicht der Sufi alles auf Erden und im Himmel.

Tägliche Übung

Eine weichherzige Person braucht den Zikar nicht oft - hundert Wiederholungen werden genügen; doch wo das Element Liebe fehlt, ist mehr nötig. In diesem Falle können bis zu dreihundert Wiederholungen des Zikar hilfreich sein. Normalerweise wird der Zikar einmal am Tag ausgeführt, doch können es auch mehr sein.

Körperhaltung

Es gibt vier Grundhaltungen, die im Zikar angewendet werden; bei allen liegen die Hände leicht auf den Knien. Eine Haltung wird bei Zikar und Fikar angewendet, sie wird die Cupido-Haltung genannt (und bezieht sich auf die Hingabe in Bhakti Yoga).

Diese Haltung hat eine besondere Wirkung auf das fühlende Herz; so ist die Wirkung des Zikar auf den Zakir noch grösser: Man sitzt mit gekreuzten Beinen auf dem Boden, und legt den zweiten Zeh des rechten Fusses in die Höhle hinter dem linken Knie, und den grossen Zeh des rechten Fusses über die benachbarte Sehne. Diese Haltung macht das Herz empfänglich.

Die zweite Haltung ist, einfach mit gekreuzten Beinen zu sitzen. Dies hilft einen, ruhig, behaglich und mit Inspiration und Frieden zu sitzen. Dies ist die Königshaltung (und bezieht sich auf die Meisterschaft im Raja Yoga), weil sie jenen Glück, Wohlsein und Vergnügen bringt, die sie beherrschen.

Die dritte Haltung ist, auf der linken Ferse zu sitzen und das rechte Bein darüber zu schlagen; die rechte Ferse sollte dabei so nahe wie möglich zum linken Fussgelenk gezogen werden. Diese Haltung ist für einen Schüler geeignet, der Selbstkontrolle gewinnen will und Selbstdisziplin übt (sie bezieht sich auf die körperliche Disziplin und Selbstverneinung des Hatha Yoga).

Die vierte Haltung ist die Haltung des Weisen (für Meditationen bekannt als Samadhi-Haltung), indem man beide Füsse je auf die gegenüberliegenden Oberschenkel legt. Auch wenn dies eine sehr schwierige Haltung ist, kann sie uns doch helfen, inneren Frieden zu erlangen.

Vielleicht denkt man sich: Was ist der Grund dafür? Die Erklärung ist, dass die Beine (wie auch die Arme) zwei Energieströme sind, die vom Herzen ausgehen; wenn man die Füsse auf die Oberschenkel legt, neutralisiert man diese Ströme, beim Verschränken der Arme geschieht das Gleiche. So hat das Herz, die Sonne, keinen Kanal mehr, wodurch sie ihre Energie abgeben kann; sie wird daher heller, leuchtender. Alles, was im Herz latent angelegt ist, wird so verwirklicht.

VIER ASPEKTE DES ZIKARS

Es gibt vier wesentliche Aspekte des Zikars, die wir beachten sollten:

Der eine ist die klare und korrekte Wiederholung des Zikars „La El La Ha El Allah Hu", den wir in einem Atemzug singen. Jedes Wort soll deutlich und rhythmisch ausgesprochen werden.

Der zweite Aspekt des Zikars ist, an die Bedeutung der Worte und die Form zu denken. Die innere Bedeutung ist die Verwirklichung: „Dies ist nicht mein Körper, dies ist der Tempel Gottes."

Der dritte Aspekt des Zikars ist, sozusagen mit dem inneren Ohr auf den Klang zu hören, der aufgrund der Wiederholung des Wortes „El" im Solarplexus widerhallt und dabei seine intuitive Natur erweckt. Wenn die Tore des Herzens offen sind, wird unsere latente magnetische Kraft fühlbar und drückt sich in unserer Stimme, dem Wort und der Atmosphäre aus.

Der vierte Aspekt ist, das Gefühl von Demut zu erwecken. „Warum habe ich je gedacht, dieser Körper sei mein Besitz? In Wirklichkeit gehört er gar nicht mir." Diese Erkenntnis macht den Zikar umso lebendiger.

DIE RICHTIGE TONHÖHE

Wenn wir den Zikar ausführen, sollten wir uns den eigenen Körper wie eine Harfe vorstellen, das Wiederholen der Worte ist wie das Spielen auf dem Instrument, und wir sollten das Echo der eigenen Worte im eigenen Herz und Kopf hören. Zuerst bringt es das Herz in Schwingung, dann widerhallt es im Kopf, und dann im ganzen Körper. Wenn dies geschieht, sollten wir uns bewusst sein, dass unser Körper auf eine wunderbare Tonhöhe gestimmt ist. Wenn der Körper nicht auf diese Weise vorbereitet ist, können sich Gemüt und Seele im Zikar nicht vollständig ausdrücken.

Der Zikar ist einer der bedeutendsten geistigen Übungen, die es gibt. Dies ist so, weil im Menschen ein Funke angelegt ist; wenn wir auf ihn blasen wie in dieser Übung, glüht er auf und bricht in Flammen aus. Wärme beginnt vom Zakir auszustrahlen, die heilend und tröstend ist. Die Flamme der Intelligenz strahlt im Zakir auf, eine Intelligenz, die den Pfad des Zakir in der sichtbaren und unsichtbaren Welt erhellt. Je mehr wir uns dieser Wirkung bewusst werden, desto besser werden wir sie für den richtigen Zweck nutzen können.

Das einzige Geheimnis liegt im Verständnis der vollen Kraft, die im Zikar erweckt wird, sie soll mit Weisheit eingesetzt werden. Für den, der den Zikar beherrscht, gibt es nichts auf der Welt, was er nicht erreichen könnte.

EMPFINDSAMKEIT

Der Zikar macht den Zakir empfindsamer für alle Dinge um ihn herum. Wegen dieser Empfindsamkeit muss der Zakir Kontrolle über sein Selbst entwickeln und sich über alle irdischen Leidenschaften erheben, Freundlichkeit und Güte entwickeln. Durch die Zikar-Übung gehen diese wie ein Duft von der Persönlichkeit des Zakirs aus; sie gleichen dem Duft, der aus dem brennenden Weihrauch hervorströmt.

DAS HERZ

Das grösste und wichtigste Zentrum im menschlichen Körper ist das Herz. Man drückt oft Liebe, Leid und Freude aus, indem man die Hand auf die Brust legt. Dies zeigt, dass jedes Gefühl zuerst das Herz berührt. Da das Herz der Ursprung aller Gefühle ist, hat es seinen Einfluss auf den ganzen Körper.

Durch die Zikar-Übung wird dieses Zentrum durch die Schwingung und der magischen Berührung des Prana, das Leben bringt, erweckt. Daraus beginnen wir die Bedeutung des Herzens zu verstehen; es ist wie ein Spiegel. Die Empfindsamkeit des Herzens gibt ihm diese spiegelnde Eigenschaft. Wenn es nicht erweckt ist, gleicht es einem blinden Spiegel. Dieser Spiegel hat zwei Seiten; die eine widerspiegelt, was im Innern ist, und die andere, was im Äusseren ist. Die Weisen können die Wichtigkeit der einen Seite des Spiegels von der anderen unterscheiden, indem sie eine Seite schliessen, um die Widerspiegelung *der anderen zu betrachten. Wenn das Herz einmal von allen negativen Schwingungen gereinigt ist, wird es zur lebendigen Gegenwart, die Gottes Botschaft im Innern und im Äusseren empfangen kann.*

6. Der Gesungene Zikar [*]

Beim Üben des Gesungenen Zikars - hier sprechen wir ausschliesslich vom vierteiligen Gesungenen Zikar unseres Meisters - sollte der Körper in vollkommener Harmonie mit dem rhythmisch gesungenen Raga von links nach rechts drehen. Natürlich ist der Rhythmus in jedem der vier Zikars unterschiedlich.

---

[*] *Hidayat Inayat-Khan - Vortrag in Lake O'Hara 1990*

Darüber hinaus sollten wir uns bemühen, die Stimme auf der richtigen Tonhöhe zu halten, so dass die Klangschwingungen Resonanzen zu bestimmten Schwingungen innerhalb der Chakras erwecken können; sie lösen damit ein erhöhtes Bewusstsein aus. Aus diesem Grund ist es sehr empfehlenswert, sich von einer Aufnahme führen zu lassen, die hilft, den richtigen Ton und Rhythmus zu halten. Natürlich ist dies paradox, doch wahrste Freiheit kann nur innerhalb der Grenzen der Selbstdisziplin erfahren werden. Auch wenn wir uns mit der materiellen Unterstützung von Aufnahmen, Instrumenten oder einem Metronom behelfen mögen, sollten wir verstehen, dass der Zikar der Ruf des Herzens ist, die Sehnsucht der Seele; und mit der Zeit, wie beim fliegenden Teppich in den Märchen, wird uns der Zikar dank seiner magischen Schönheit geradewegs in den Himmel führen.

Während wir die göttliche Musik der Gegenwart Gottes, inspiriert vom Geist der Führung, singen, so werden wir im Innersten den Wunsch verspüren, diese Musik harmonisch zu interpretieren, dass sie so schön wie möglich in unserem Herzen wiederklingt als heilige Botschaft menschlicher und göttlicher Liebe. Jedoch können wir die Liebe nur insoweit erfahren, wie das „Ich" nicht existent ist. Wie gesagt wurde: Im Herzen ist nur Platz für einen, entweder für das Selbst oder für den Geliebten.

Unser Meister empfahl eindringlich, dass das Gemüt vor dem eigentlichen Zikar durch den Äusseren Zikar vorbereitet und eingestimmt werden sollte. Dies tun wir, indem wir mit dem Zeigefinger der rechten Hand eine horizontale Linie von links nach rechts über die Brust führen und dazu sagen: „Dies ist nicht mein Körper." Dann zeichnen wir eine senkrechte Linie von der Stirn hinunter bis zum Herzchakra und sagen: „Dies ist der Tempel Gottes."

In einem weiteren Stadium wird die gleiche Übung mit geschlossenen Augen ausgeführt, während wir mit den Augen eine leuchtende Linie ziehen, wie wir dies vorhin mit dem Zeigefinger taten. In einer noch weiter fortgeschrittenen Erfahrung in diesem Äusseren Zikar schlug unser Meister vor, dass wir uns selber als Betrachter wie in einem Spiegel sehen sollen, und so die horizontale und senkrechte Linie zu zeichnen.

Dabei können wir feststellen, dass dieses gleiche Kreuz auch während dem Sufi-Gebet „Saum" gezeichnet wird, während der Pause, die gleich auf die Worte „Erleuchte unsere Seelen mit Göttlichem Licht" folgt, mit der gleichen Bewegung.

Nun zum Thema der Zikar-Übung selbst (die die Hindus als „Japa Yoga" kennen); man kann dabei erkennen, dass dabei mehrere Disziplinen gleichzeitig entwickelt werden. Zum Beispiel ist eine bestimmte Haltung für die physische Disziplin hilfreich (Hatha Yoga). Geistige Disziplin (Jnana Yoga) können wir mit der Hilfe von verschiedenen Konzentrationsmethoden erreichen.

In der Meditation werden die Gefühle auf die Göttliche Gegenwart gerichtet (Bhakti Yoga), und schliesslich verliert man das Selbst in den Armen des Geliebten (Samadhi).

Während der Zikar-Übung sollten wir ein paar technische Überlegungen beachten: Zum Beispiel ist die „Königs-Haltung" empfohlen, weil die gekreuzten Beine so verhältnismässig entspannt sind, obwohl die „Cupido-Haltung" als die wirkungsvollste gilt für diese Übung. Trotzdem gibt es keine wirkliche Vorschrift, was die Haltung betrifft. Die einen sitzen auf Stühlen, vorausgesetzt, dass die Rotation des

Oberkörpers nicht durch von den Arm- oder Rückenlehnen des Stuhls behindert wird.

Ein weiterer Punkt zu beachten wäre, dass im Zikar die Hände wirklich auf den Knien ruhen sollten, um das Gewicht des Oberkörpers während der Rotationsbewegung zu tragen: trotzdem sollten die Finger entspannt sein, so dass während dieser heiligen Übung der freie Fluss des Magnetismus gewährleistet ist.

Das Wort „Zikar" bedeutet Erinnerung, Erinnerung an die Gegenwart Gottes, während man sich in den Armen einer höchst heiligen Erfahrung verliert. Es ist die Erinnerung an eine Göttliche Gegenwart, die keine Worte je beschreiben kann, die jedoch insoweit zur Wirklichkeit wird, wie man bereit ist, das Selbst zu vergessen, wie beschäftigt man auch immer sein mag. Es ist auch die Erinnerung an das Privileg, das uns geschenkt wird, wenn wir diese Erfahrung mit all denen teilen können, die mit uns in Kontakt kommen, und die bewusst oder unbewusst auf unsere Worte, Gedanken und Gefühle antworten, nicht zu sprechen von den Strahlen des Prana.

Wir wissen, dass überall im Osten seit Jahrhunderten viele Variationen der Zikar-Übung existieren. Was immer auch ihre Form sein mag, es ist jedoch wichtig, sich daran zu erinnern, dass ein Zikar schlussendlich entweder konstruktiv oder destruktiv sein kann, entsprechend dem tiefen eigentlichen Grund, weshalb wir ihn praktizieren. Wenn wir ihn tun, um sehr spirituell oder mächtig zu werden, wird sich sogar der beste aller Zikar als schlecht herausstellen. Die mystische Erklärung dieses Paradoxes ist, dass der Zikar nicht getan wird, um etwas zu werden; er wird geübt, um nichts zu werden.

Unser Meister hat uns seinen eigenen Zikar als sein heiligstes Erbe vermacht. In diesem Zikar können wir die Botschaft für die heutige Zeit als neuen Impuls im allgegenwärtigen Bewusstsein spüren. Das Geheimnis der magischen Ausstrahlung des Zikars unseres Meisters wohnt in der mystischen Koordination des melodischen Ragas mit einem konstanten rhythmischen Muster, die die heiligen Worte begleiten; sie sind eine demütige Einladung an die Göttliche Gegenwart, in den Tempel unseres Herzens einzutreten.

Zikar eins ist das „Liebeslied", das in sich ein Lied ist; Zikar zwei ist der sehnende Ruf an die Göttlichen Gegenwart; Zikar drei ist das wunderbare Gefühl des Glücks, wenn die Göttliche Gegenwart den Ruf beantwortet hat und in der Tiefe des Herzens Wirklichkeit wird; und Zikar vier ist nur noch diese Wirklichkeit, wenn das Selbst nicht mehr vorhanden ist.

In jeder dieser fortschreitenden melodischen Variationen von Zikar eins bis Zikar vier ist jedesmal weniger vom „Liebeslied" und mehr vom Inhalt der Liebe, dem „Hu". „Ich liebe Gott" wird ersetzt durch „Gott ist, und ich bin nicht." Mit anderen Worten vernehmen wir im Zikar eins die Wichtigkeit der melodischen Anrufung des Zikar; dies wird in Zikar zwei weniger wichtig, noch weniger im Zikar drei, und ganz ohne Bedeutung in Zikar vier. Das „Hu" auf der anderen Seite, ist bei Zikar eins lediglich ein Teil des Satzes. In Zikar zwei hat es mehr Bedeutung, noch mehr in Zikar drei und in Zikar vier ist „Hu" der einzige Klang, den wir singen.

Jedes Mal, wenn wir die Länge der Phrase des Zikar verkürzen, kommen wir der tiefen Botschaft näher, die in seinem Innern liegt. Der erste Zikar ist der Satz „La El La Ha", was bedeutet „Es gibt keinen anderen Gott", gefolgt von „El Allah Hu", was wiederum bedeutet „Nur Gott allein ist." Zikar zwei hat als Basis die Worte „El Allah Hu", was bedeutet: „Gott allein ist." Zikar drei sagt: „Allah Hu", was bedeutet. „Gott allein ist", und Zikar vier sagt: „Hu", was bedeutet: „Ist", oder „alles ist" und nichts anders „Ist". Und in der Tat, wenn wir den Klang „Hu" aussprechen, der Grundton des Universums, allumfassender Klang im Raum, alldurchdringendes Licht ist, versuchen wir, in diese Schwingung zu gelangen. Jedes Mal, wenn wir diesen Klang erzeugen, sind wir wie ein Hammer auf dem Gong, aufgrund dessen der hervorgebrachte Klang für immer im Universum widerhallt.

Im Zikar ist auch die Atemtechnik von grosser Bedeutung. Mit dem Ausatmen lösen wir uns von negativen Einflüssen, während die positiven Schwingungen der heiligen Worte eine reinigende, wiederbelebende und erhebende Wirkung haben. Der Atem bewegt sich in Harmonie mit dem Rhythmus des Zikar, und durch die Regelmässigkeit der gesungenen Wiederholungen nimmt der Atem automatisch einen anderen Rhythmus an. Indem wir uns auf einen anderen als den eigenen Rhythmus einstimmen, erkennen wir uns als Betrachter wieder, der den Beschränkungen all jener Identifikationen gegenübersteht, die das eigene falsche Ego in unserem Gemüt aufgebaut hat.

Ein anderer zu beachtender Aspekt der Atemtechnik ist, dass natürlich Veränderungen im Atemfluss und der Stimme nötig sind, um die Worte des Zikars zu betonen, während wir das Kinn sinnbildlich gegen die Brust oder das Herzchakra schlagen. Diese Bewegung hat unser Meister auf verschiedene Weise umschrieben; wie das Schlagen auf einen Gong oder eine Kirchenglocke; wie eine harte Nuss, die wir knacken; wie einen Pfeil auf ein inneres Ziel abzuschiessen.

In einem späteren Stadium der Erfahrung zeichnen unsere Augen während jeder Rotation des Zikars einen visualisierten leuchtenden Kreis. Das Zentrum dieses Kreises ist das Herzchakra, und sein Durchmesser ist die Distanz zwischen dem Boden und dem Kronenchakra. Dieser visualisierte Kreis kann für die Beherrschung des Gemüts sehr hilfreich sein. Während der Zikar-Übung mag sich die Konzentration natürlich vermindern, und als Korrektur dieser Schwäche empfahl unser Meister, einfach das Gemüt auf den Lichtkreis zurückzuführen. Und bald wird unser Gemüt automatisch auf diesen gleichen leuchtenden Gedankenpfad zurückkehren, wieder unter Kontrolle und vollständig bereit für weitere Meditation über die heiligen Worte des Zikars.

Das Hauptziel der Meditation während des Zikars ist, sich auf die Bedeutung und die Schwingung der Worte einzustimmen: „La El La Ha El Allah Hu", „Nichts existiert ausser Gott, Gott allein ist." Diese uralten Worten wurden von zahllosen erleuchteten Seelen millionenfach gesprochen, sie haben in ihren Herzen über Jahrhunderte widerhallt und darin ganze Welten von Magnetismus angesammelt. Alle können diese Welten wahrnehmen, wenn sie für ihre Magie empfänglich sind - sie werden jedes Mal wirklich, wenn wir die heiligen Worte des Zikars aussprechen.

Wir erleben einen Widerhall des Zikars, wenn der Klang „Hu" immer wieder im Herzchakra nachklingt, und dies oft während Tagen und Tagen nach der Zikar-Übung. Dieser faszinierende Ton bringt eine enorme Führung im Einstimmen auf die verborgenen Schwingungen des Universums, die auf diese Weise in Form von Klangwellen höheren Bewusstseins wahrnehmbar werden.

Zusammen mit diesem hörbaren Ausdruck des „Erinnerns" gibt es auch einen sichtbaren Aspekt in der Form eines leuchtenden Kreises, den wir während der Zikar-Übung visualisierten; er hält ebenso weiter an, wird in unserem Gemüt langsam kleiner und kleiner und erfährt seinen Höhepunkt in leuchtenden Lichtfunken, die in den Raum hinausschiessen. Diese stille „Botschaft des Lichts" enthüllt sich uns insoweit, wie sich die Auslöschung unseres Selbst in ein Liebeslied an jene Allmächtige Gegenwart verwandelt hat, der immer gegenwärtigen Quelle aller Schöpfung, die unablässig Göttliches Licht in unsere Herzen ausgiesst.

7. Ohne jeden Wunsch oder Begierde *

„Sein ist, nicht zu sein." Natürlich wissen wir alle: Wenn wir in der materiellen Welt etwas erreichen wollen, lautet die Frage: „Sein oder Nichtsein". Doch auf dem spirituellen Pfad ist es genau das Gegenteil. Wenn wir spirituell sein wollen, werden wir es nie sein. Weshalb? Weil wir es bereits sind, doch wissen wir dies nicht. Es ist ein Paradox.

Und vielleicht haben wir im Zikar erlebt, dass wir da eher zum Vergessen neigen. Das Wort Zikar bedeutet „Erinnern". Erinnern woran? Erinnern an die Göttliche Gegenwart; doch je spiritueller wir werden wollen, desto weniger wird Raum sein für die Göttliche Gegenwart.

---

* Hidayat Inayat-Khan - Rocky Mountain Sufi Camp 1986

Es gibt Hunderte von Zikars, vielleicht sogar Tausende, alle können gut und alle schlecht sein. Der Grund, weshalb wir den Zikar üben, macht aus, ob er ‚gut' oder ‚schlecht' ist. Wenn wir den Zikar üben, um spirituell zu werden, sollten wir es besser lassen. Zikar bedeutet Erinnern. Wenn wir uns der Göttliche Gegenwart bewusst sein wollen, wie können wir dann mit uns beschäftigt sein, um uns zu spirituellen Menschen zu machen? Dies ist ein Widerspruch.

Erinnern wir uns daran, dass der Zikar nicht ausgeführt wird, um irgendetwas zu erreichen; der Zikar ist nicht für irgendeinen Nutzen geschaffen, weder für materiellen noch spirituellen. Der Zikar wird nicht geübt, um irgendetwas zu werden, weder spirituell noch erfolgreich noch irgendetwas anderes. Der Zikar wird nicht geübt zum Heilen, noch für irgendeinen anderen Zweck, noch um irgendeine Begierde zu befriedigen. Der Zikar wird lediglich als Übung ausgeführt, der uns hilft zu vergessen, dass wir unser Selbst vergessen wollten.

Dieser Punkt ist wunderbar, den sollten wir in Erinnerung behalten: Sufismus lehrt uns, das Ego für den richtigen Zweck zu nutzen. Er lehrt uns, das Ego zu zähmen, nicht es zu zerstören. Unglücklicherweise gibt es einzelne, die hoffen, spirituell zu werden, und deshalb während des Zikars denken: „Ich allein existiere, nichts existiert ausser mir." Der Zikar macht nur Sinn, wenn wir unser Ego vergessen, und wenn wir sogar vergessen, dass wir vergessen wollten. Und der einzige Weg zu vergessen, dass wir vergessen wollen ist, unser ganzes Gemüt, unsere Gedanken, unsere Gefühle auf die Göttliche Gegenwart zu richten.

Was nun folgt, ist sehr schwierig in Worte zu fassen. Nur wenn wir vergessen, dass wir uns selber vergessen wollen, werden wir plötz-

lich der Göttlichen Gegenwart von Angesicht zu Angesicht gegenüber stehen. Im Zikar vier mögen wir uns vielleicht der Botschaft bewusst werden, den uns der Klang „Hu" mitteilt, wenn wir ganz in diesem stillen Ruf aufgehen. Sogar in unverhofften Augenblicken während des Tages oder der Nacht, während den täglichen Beschäftigungen oder während der Ruhe, kann dieser universelle Klang widerhallen, und dann verlieren wir uns im ewigen „Hu". Der Klang aller Planeten, der Klang des Universums, ist in Wahrheit der einzige Klang, der existiert. Der Klang der Göttlichen Gegenwart.

Wenn das Wort „heilig" je eine geeignete Definition hatte, wäre es genau dies - zu vergessen, dass wir uns selber, unser Ego, vergessen wollen. Und plötzlich stehen wir der Göttlichen Gegenwart gegenüber. Ohne jeden Wunsch, ohne Begierde..., und dies ist der Grund für das „Sein ist nicht zu sein." Weil wenn wir keine Begierde, keinen Wunsch mehr haben, sind wir eins mit der Göttlichen Gegenwart.

8. Kegel von Licht und Klang *

Im Zikar kommen natürlich verschiedene geometrische Konzepte vor. Wir wissen, dass wir um jedes Chakra Kreise legen können, Chakra bedeutet ja schon „Rad". Nun, all diese Kreise liegen innerhalb des Akasha oder Gefässes von zwei Kegeln, die aufeinander stehen und deren Basis zusammengelegt ist. Die Spitze des unteren Kegels entspricht der Wurzel der Wirbelsäule, und seine Basis, der ja ein Kreis ist, liegt auf der Höhe des Herzchakras.

---

*   *Hidayat Inayat-Khan - In einem Gespräch in Fazal Manzil, Suresnes, 1987*

Dann haben wir einen zweiten Kegel, dessen kreisrunde Basis ebenso auf der Höhe des Herzchakras liegt, und seine Spitze befindet sich oberhalb des Scheitels. Nun können wir einen Kegel so klein oder so gross werden lassen wie wir wollen; der obere Kegel sollte aus Gründen der Symmetrie und der Schönheit des Bildes etwa gleich gross sein wie der untere. Beide treffen sich auf der Höhe des Herzchakras. Wenn man die Grösse dieser beiden Kegel in Beziehung setzen will zum menschlichen Wesen, würde das Kronenchakra mehr oder weniger in die Mitte des oberen Kegels zu liegen kommen; und das Bauchchakra ungefähr in der Mitte des unteren Kegels. Wenn diese übereinstimmen, drehen sich diese Kreise natürlich innerhalb des Kegels (da ja auch die Chakras als Kreise gesehen werden können).

Doch nun werden die Dinge komplizierter. Jeder Kreis ist in Wahrheit ein Abschnitt einer Kugel. Mit andern Worten: Wenn unsere Wahrnehmung klar ist, können wir vielleicht erkennen, dass die Chakras aussehen wie Planeten, die innerhalb dieser beiden Kegel kreisen, und mit viel Vorstellungskraft können wir sehen, wie sie dem Sonnensystem entsprechen.

Dies zum Lichtkegel; doch da gibt es auch Klangkegel, und diese entsprechen natürlich dem Klang, den wir während des Zikars erzeugen. Wenn man den Gesungenen Zikar ausführt, widerhallt der Klang nicht nur in unserer Kehle und Brust, sondern strahlt auch von den Ohren aus. Besonders im Zikar vier schwingen unsere Trommelfelle wie Kesseltrommeln.

Je mehr man sich dieser Kegel bewusst wird, desto bewusster wird auch die Wirklichkeit von Klang und Licht, die von den Chakras ausstrahlen. Wenn wir uns etwas Abstraktes bewusst machen wollen, müssen wir zuerst unser vorhandenes Wissen auf etwas Konkretes stützen. Wir müssen uns zuerst durch das Konkrete durcharbeiten, bevor wir zum Wirklichen kommen; wir müssen uns zuerst im Gemüt die Dimensionen, das Akasha oder das Gefäss für den Klang und das Licht deutlich vorstellen können. Ob wir sie als Kegel oder als Kreis oder als Kugel sehen, ist unwichtig; doch wir müssen sie uns zuerst in einer Weise vorstellen, zu der unser Gemüt fähig ist.

Dann ist die nächste Stufe, sich dieses Akasha wachsend vorzustellen, bis zu einer Grösse, die alle beschränkten Vorstellungen übersteigt. Wir benutzen es zuerst als Rahmen, um unser Gemüt auf eine erfahrbare Dimension zu konzentrieren; und danach kann sich das Bewusstsein zu einer unbeschränkten Dimension erweitern.

Genauso wie man sich zuerst auf die physische Disziplin konzentriert - mit gekreuzten Beinen zu sitzen, sich korrekt zu bewegen und all das, rein äusserliche Aspekte der Konzentration, um dem Bewusstsein zu ermöglichen, frei herumzufliegen, ohne sich durch physische Unterbrechungen stören zu lassen - genauso muss man auch das Gemüt zuerst durch eine bestimmte Disziplin kanalisieren, einer Disziplin von Gestalt, Grösse, Richtung, von irgend etwas Erfassbarem, irgend etwas, das erfahrbar ausgedrückt werden kann, so dass der nächste Schritt in absoluter Freiheit im Abstrakten entstehen kann, ohne durch Dimension, Grösse und Proportion beschränkt zu sein.

Wir müssen zuerst mit Disziplin beginnen, bevor sich alle Tore zur Freiheit öffnen. Wenn wir mit der Freiheit ohne Disziplin beginnen, benimmt sich diese Freiheit einfach wild und geht in die Irre. Sie kann nicht funktional sein, sie kann kein Ziel erreichen.

Die erste Geometrie, auf die wir uns im Zikar konzentrieren, wären die beiden Lichtkegel, in der unser Gemüt in eine bestimmte Dimension, eine bestimmte Grösse, eine bestimmte Form gelenkt wird - dadurch wird es fester, und danach kann es sich zu grösseren Dimensionen ausweiten. Dann können wir uns vielleicht auf die Klangkegel konzentrieren. Sobald wir zu singen beginnen, widerhallt der Klang im Kopf, wird in einer feineren Form durch die Ohren nach aussen transportiert und entwickelt sich zu einer Kegelform. Gleichzeitig strahlt der Klang ins Herzchakra hinunter und hinauf über unseren Kopf hinaus.

Wenn wir im Zikar vier den Klang „Hu" erzeugen, spüren wir ihn in den Ohren, wir fühlen ihn im Herzen und wir fühlen ihn im Kopf. Wenn wir uns zuerst diese Kegel vorstellen können, werden wir verstehen können, dass der Klang im Zentrum beginnt und sich bestimmten Linien entlang entwickelt. Wenn diese Vorstellung einmal im Gemüt fest verankert ist, können wir es dem Unbewussten überlassen, weiter daran zu arbeiten, und diese Kegel werden grösser und grösser, bis sie überhaupt nicht mehr existieren. Und an diesem Punkt beginnt die eigentliche Meditation.

In der Konzentration wird das Gemüt auf eine Gestalt, eine Proportion, eine Distanz, auf ein konkretes Konzept beschränkt. Obwohl das Gemüt dann den Eindruck eines Vorstellungsmusters trägt, löst sich dieses nachher ab, und nur der Geist bleibt, alldurchdringend.

Man kann sich die Kegel andersherum vorstellen. Der Klang wird im Zentrum erschaffen, geht nach aussen und prallt gegen alles, was er antrifft, und wird ins Zentrum zurück geworfen.

Dies ist die Vorstellung des Spiegels; mit anderen Worten: Was immer wir nach draussen geben, wird dem entsprechen, was wir empfangen. Wir können nichts geben, weder spirituell noch materiell, was wir nicht empfangen haben.

Daher wirft alles, was wir nach draussen geben, auch ein Echo zurück. Und mit diesem Widerhall können wir es von neuem hinaus senden. Beim Radio prallen die Wellen gegen die Ionosphäre, und diese wirft sie wieder zurück; was wir hören, ist das Echo von dem, was an die Ionosphäre geprallt ist. Genauso können wir das Echo des Klanges „Hu" hören, den wir ursprünglich erzeugt haben. Unsere Energie dehnt sich aus und trifft irgendetwas - statt der Ionosphäre ist es vielleicht die Göttliche Gegenwart. Sie erreicht die Göttliche Gegenwart, und das Echo, das zurückkommt, schenkt uns neue Stärke.

Dies ist es, was uns die Vorstellung der Kegel, die in verschiedene Richtungen wirken, entweder vom Herzen ausgehend oder in Richtung des Herzens ausstrahlend, geben kann; all dies ist ein Beispiel des Grundgesetzes der gegenseitigen Wechselwirkung, die man auf verschiedenen Ebenen des ganzen Universums erfahren kann.

Weshalb denken wir, dass sich das Gefühl nur innerhalb des Herzens befinde? Zum Beispiel wird das Ohr durch den Klang angeregt, und diese Anregung sendet ihrerseits Wellen gegen aussen. Wenn wir daher den Klang „Hu" erzeugen, beginnt das Herz mitzuschwingen, und diese innere Schwingung (im Unterschied zur äusseren Schwingung, dem eigentlichen Gesang) berührt auch das Ohr. Und was ist das Ohr in Wirklichkeit? Das Ohr ist nichts anders als die Verlängerung des Gehirns, und durch die Klangschwingung wird automatisch das Gehirn angeregt. Die Ohren dienen dabei als Kommunikationskanal. Mit anderen Worten: Der Klang bringt eine grössere Intensität der Sehnsucht hervor, und die Ohren leiten ihn ans Hirn weiter.

Dann gibt es nochmals einen anderen Kegel, mit seiner Spitze auf der Höhe der Ohren und seiner Basis über dem Kopf, der durch das Gehirn ausgestrahlt wird. Jede Anregung erzeugt Schwingung, Schwingung erzeugt Licht; dann reichen die Schwingungen automatisch hinauf in feinere Sphären und machen dabei die Wirklichkeit der Göttlichen Gegenwart wahrnehmbar.

Es ist so schwierig, diesen Prozess in Worte zu fassen, und wir können ihn nur verstehen, wenn wir ihn selber erfahren. Wir produzieren Energie, oder korrekter gesagt kanalisieren wir die Energie nach draussen - doch diese Energie ist nicht verloren, sie kommt wieder in anderer Form zurück. Immer ist da eine fortwährende wechselseitige Kommunikation.

Das Trommelfell schwingt als Antwort auf zwei verschiedene Formen der Anregung, entweder vom äusseren Klang ausgehend oder vom Klang, der aus dem Innern kommt. Wenn wir den Klang des Zikars erzeugen, pressen wir das Trommelfell nach aussen, und so macht die physische Vorstellung des Kegels Sinn. Und dann ist das Resultat davon natürlich der feine Druck, der intensive Schwingungen im Hirn auslöst, und diese senden ihrerseits kreisende Lichtstrahlen aus.

9. Die mystische Geometrie des Zikars von Hazrat Inayat Khan *

Wir können das Verständnis des Gesungenen Zikars vertiefen, indem wir beide Wirkungen studieren, die „wirklichen" und die symbolischen, metaphysischen. Diese Studie beabsichtigt, die konkrete Erfahrung mit der bildlichen zu verbinden, und damit auch die göttliche und materielle duale Natur des Menschen. Sie beabsichtigt nicht, eine Erklärung zu sein - dies wird wohl überhaupt nicht möglich sein, wenn man die Individualität der Erfahrung betrachtet. Der Zikar ist eine tiefe und zutiefst mystische Übung; je mehr wir sie erforschen, desto mehr erkennen wir, dass es noch viel mehr zu erforschen gibt.

---

*   *von David Murray*

Diese Studie der mystischen Geometrie ist ziemlich einfach und hat zum Ziel, all jenen nützlich zu sein, die den Gesungenen Zikar praktizieren. Einige werden tiefere und komplexere geometrische Verbindungen entdecken; dies ist gut so. Es gibt keinen falschen Zugang zum Verständnis. Wenn sie dazu beiträgt, das mystische Potential des Zikars zu illustrieren, hat sie ihren Zweck erreicht.

Die physischen Bestandteile des Zikars sind: Atem, Rhythmus, Wiederholung, Schwingung; und das Wort. All diese Attribute sind wichtige Bestandteile beim Praktizieren des Zikars. In den spirituellen Traditionen auf der ganzen Welt wurden für jeden dieser Aspekte Übungen entwickelt; so können sie einzeln verstärkt werden und in unserem Alltagsleben von Nutzen sein. Im Gesungenen Zikar von Hazrat Inayat Khan unterstützt und erweitert jeder Aspekt den nächsten, bis sie schliesslich in der letzten Phase des Zikars, dem Zikar vier, ihre Erfüllung erreichen. Die Wichtigkeit dieser mystischen Aspekte wird in folgenden Zitaten aus „Die Musik des Lebens" von Hazrat Inayat Khan ausgedrückt:

ATEM

„.....wenn wir zum Geheimnis des Atems kommen, ist dies ein vollständig anderes Gebiet. Der wahrnehmbare Atem, den wir in der Nase als Atemluft spüren können, die ein- und ausströmt, ist lediglich eine Wirkung des Atems. Es ist nicht der Atem. Für den Mystiker ist der Atem jener Strom, der die Luft hinein- und hinausträgt. Die Luft ist wahrnehmbar, der Strom jedoch nicht; der Strom ist nicht wahrnehmbar. Er ist eine Art ätherischer Magnetismus, dessen Strom ein- und ausströmt und die Luft in Bewegung bringt."

„...für den Mystiker ist der Atem wie ein Aufzug, ein Aufzug, mit dem er ins erste Stockwerk hinauf gelangt, und dann zum zweiten und dann zum dritten Stockwerk - in Wahrheit zu jeder Ebene, die er erreichen möchte."

Rhythmus

„Rhythmus ist der Hauptaspekt des Atems, weil das Funktionieren unseres ganzes Wesens vom Rhythmus des Atems abhängt."

„Gleichmässigkeit im Rhythmus ist Gleichgewicht, während Unregelmässigkeit ein Mangel an Gleichgewicht ist. Die Harmonie im Rhythmus entwickelt die Schönheit des menschlichen Charakters."

Wiederholung

„In den alten Sprachen entstanden die Worte durch Inspiration. Moderne Sprachen basieren auf der logischen Vernunft der Grammatik, die man lernt. Bestimmte Worte, die rein aus der Inspiration entstanden sind, und die harmonisch mit den Erfahrungen des Menschen im täglichen Leben verbunden sind, haben mehr Kraft als die Worte der Sprachen, die wir heute sprechen. Daher sind sie kraftvoller, wenn wir sie wiederholen, und es entsteht ein grosses Phänomen, wenn man jene Worte beherrscht."

„Jedes Wort hat seine psychologische Wirkung. Die Weisen verwenden besondere Worte, die sie am Morgen oder am Abend wiederholen, und dadurch entsteht eine gewisse Erleuchtung, ein gewisser Zustand der Erhebung. Genau dieses Geheimnis ist es, das die Sufis in früheren Zeiten im Zikar geübt haben. Dies ist die Methode, erwünschte Resultate herbeizuführen, wenn man die richtigen Worte und Sätze wiederholt."

Schwingung

„Richtiges Atmen bringt das Gemüt in Harmonie mit den feinen Schwingungen des Universums. Je intensiver sich das innere Leben ausdrückt, desto wahrnehmbarer werden ihre Schwingungen."

„Es sind die Schwingungen, die durch den Atem in Bewegung kommen, die zu Gedankenwellen werden, die Gedanken von einem Gemüt zum anderen tragen."

Das Wort

„Weisheit ist das Resultat des Verstehens auf einer inneren Ebene der Erfahrung, während der Intellekt die Anhäufung äusseren Wissens ist. Jedoch haben beide den gleichen Ursprung, den die Mystiker aller Zeiten als das Urwort beschrieben haben. Die Sufis aller Epochen haben dem Wort daher die grösste Wichtigkeit beigemessen, weil sie wissen, dass das Wort der Schlüssel zum Geheimnis des ganzen Lebens ist, das Geheimnis aller Ebenen der Existenz.... das wichtigste und zentralste Thema der Mystik ist das Wort."

DIE WIRKUNGEN DES GESUNGENEN ZIKARS

Die Wirkungen des Gesungenen Zikars sind:

Rotation: sie ist das Resultat der Aspekte Atem, Wiederholung und Rhythmus.

Eine erhebende Wirkung: sie ist das Resultat der vorherigen Aspekte, die zusammen die Schwingung des Zikars hervorbringen.

Umwandlung von Dichte zu Leichtigkeit: sie ist das Resultat von Schwingung und Wort.

Die folgenden Zeichnungen und Worte möchten helfen, die Wirkungen der Zikar-Übung und das eigentliche Ziel, für den der Zikar geschaffen wurde, zu erforschen.

• Der Punkt ist der geometrische Ausdruck der symbolischen Quelle des Alls, der Einheit, dem Göttlichen.

Der Kreis ist aus dem Punkt abgeleitet und beschreibt symbolisch die Vielfalt.

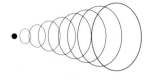

Dreidimensional betrachtet ist der Kegel Ausdruck der Beziehung zwischen der Materie und dem Göttlichen.

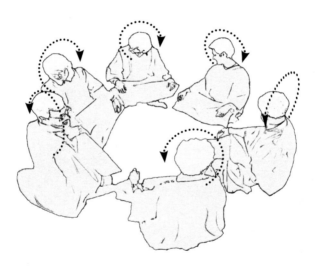

Die Form der Zikar-Übung ist der Kreis. Die Bewegung der Zikar-Übung ist die Bewegung von Torso und Kopf des Ausübenden oder Zakir in Gegenuhrzeiger-Richtung.

Diese Rotationsbewegungen lösen eine weitere Bewegung im Gegenuhrzeigersinn um den sitzenden Kreis herum aus.

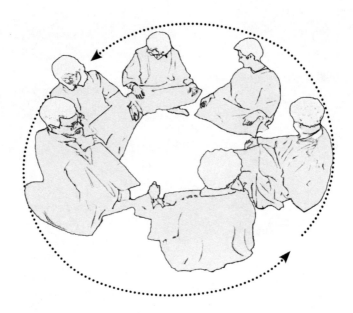

Diese Rotationswirkung kann durch ein Schreiten im Gegenuhrzeigersinn vorbereitet werden; sie kann dem Gesungenen Zikar vorausgehen.

Die Wirkung der Rotationsbewegungen und das Sicherheben soll eine sich nach oben bewegende Spirale hervorbringen.

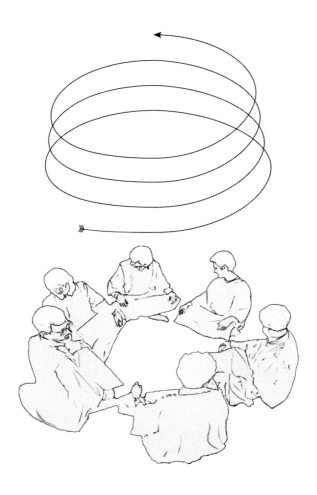

Die Bewegung des Zikar und die Wiederholung der Zikar-Worte bringen bei den Praktizierenden einen regelmässigen Atem hervor.

Der Atem, verbunden mit den synchronisierten Körperbewegungen, entwickelt die Aspekte des Rhythmus, eine musikalische Vorstellung; diese drückt das harmonische Zusammenwirken individueller Bewegungen aus, die gemeinsam eine einzige Wirkung hervorbringen. Die Wirkung ist die Schwingung des Zikar, die wir uns als mystische Einheit oder „Lebenskraft" vorstellen können, die dank der gemeinsamen Tätigkeit der Gruppe eine Einheit darstellt.

Nach der Wiederholung der Körper- und Kopfbewegungen liegt alle Aufmerksamkeit auf der Wiederholung der Worte des Zikars und besonders beim Klang „Hu". Die Wirkung der Zikar-Schwingung in Verbindung mit dem Wort bringt diese grossartige mystische Umwandlung hervor, die den Zikar zu einer so wichtigen und nützlichen Übung macht. Die Wirkung ist wie die eines elektrischen Generators. Mit jeder Wiederholung des Wortes (Klanges) „Hu", kann man sich einen Lichtfunken vorstellen, der entstanden ist. Die Quelle der Energie ist jene, die von der materiellen Ebene emporgezogen wurde; die Richtung dieser Energiebewegung ist aufwärts, das Resultat der kreisenden Rotation.

In der Geometrie des Zikar kann der sitzende Kreis als runde Ebene verstanden werden, die Ebene der Umwandlung.

Das erzeugte Licht steigt in einem spiralförmigen Muster empor. Um das Konzept der Einheit auszudrücken - der Zweck des schwingenden „Wesens" - verkleinert sich die aufwärts bewegende Spirale zu einem einzigen Punkt. Dadurch entsteht ein geometrischer Kegel. Die Basis steht für die Ebene der Umwandlung, die Spitze des Kegels für die Einheit oder das Göttliche.

Geometrisch ausgedrückt, ist die Form des Zikars ein Lichtkegel, der nach und nach entsteht, dessen Spirale sich immer mehr auf das Symbol des Göttlichen Ideals zu, der Spitze des Kegels, verkleinert.

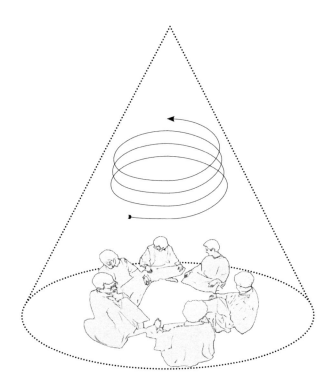

Der geometrische Ausdruck ist nicht vollständig, bis das, was von unten nach oben gezogen wurde, graphisch dargestellt wurde. Die Form der Vielfalt, des Materiellen, kann als umgekehrter Kegel unterhalb des Kegels der Umwandlung dargestellt werden. Die beiden gegenüberliegenden Spitzen stehen für die Wahrnehmung der Dualität. Wir können uns den unteren Kegel solid vorstellen.

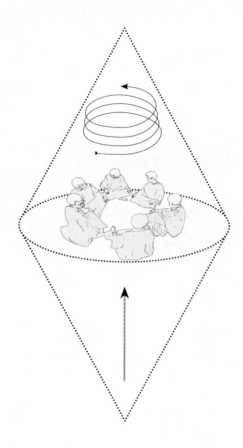

Der Kegel und der unterste Punkt stehen für die Beschränkung im materiellen Bereich. Sie stehen auch für die Wahrnehmung der Dualität. Wenn wir den Zikar ausführen, füllt sich der obere Kegel mit Licht von oben. Der untere Kegel verliert seine Dichte, und er wird in Licht verwandelt. Mit der Zeit füllt sich die ganze geometrische Struktur mit Licht und dieses Licht wird zur einzigen Wirklichkeit.

Die lichterfüllte Geometrie drückt den Zweck und das Resultat der Zikar-Übung aus - das heisst, die Vereinigung des Materiellen mit dem Göttlichen. Dieser Prozess illustriert, dass die Göttliche Gegenwart nichts anderes ist als das Licht, das sich schon immer in allen Formen befindet, verborgen durch die Maske unseres Egos. Die Zikar-Übung befreit dieses Licht und erleuchtet unser Bewusstsein. Wir rufen durch unsere eigene Aktivität die Göttliche Gegenwart an. Jedes Individuum ist ein Kanal für das Göttliche.

„Enthülle uns Dein Göttliches Licht"

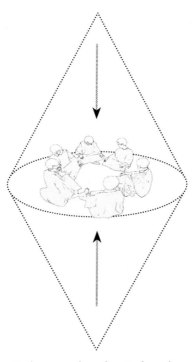

„Hebe uns über die Erdenschwere"

Zusammengefasst soll diese geometrische Ausführung als Modell dienen, der dem Einzelnen helfen kann, ein tieferes Verständnis für diese Jahrhunderte alte Übung zu erlangen. Sie soll besonders den rationalen Teil unseres Bewusstseins unterstützen, sich mit der Intuition zu verbinden, so dass die vollständige Wirkung der Zikar-Übung erfahren werden kann.

Die Geometrie, die hier entwickelt wurde, ist sehr einfach. Es liegt an jedem Einzelnen, diese geometrischen Formen tiefer zu erforschen - wenn er dies möchte - so dass daraus eine persönliche Erfahrung entsteht. Aus dieser Übung gibt es nur eine einfache Lektion abzuleiten, nämlich die, dass wir als Individuen die Fähigkeit haben, umfassende und vollständige Göttliche Verwirklichung zu erreichen. Wir sind ebenso Kanäle wie wir Licht sind. Gemeinsam wird die Zikar-Übung zu einer vereinten Erfahrung auf einer höheren Bewusstseinsebene. Sie ist ein wirksames Mittel, durch das die Sufis ihre innerste Sehnsucht nach der Vereinigung mit dem Göttlichen Ausdruck verleihen können. Der Zikar intensiviert jedes menschliche Potential, das Potential des Herzens und des Gemütes.

10. Der Chromatische Zikar *

Schliesslich kommen wir zur Übung des Chromatischen Zikars, die sehr wertvoll ist, weil sie gleichzeitig so viele verschiedene Dinge entwickelt.

---

*   von Hidayat Inayat-Khan

Zuallererst entwickelt diese Übung die Stimme, sie dehnt die Stimmbänder. Die meisten Leute brauchen nur einen kleinen Teil ihrer Stimme, und der ganze Rest schlummert vor sich hin. Jedoch ist uns alles, was wir haben, gegeben, um davon Gebrauch zu machen; doch wir nutzen nicht immer alle unsere Fähigkeiten, die uns vom Göttlichen geschenkt worden sind. Natürlich könnte man sagen, wir sind nicht alle Sänger, weshalb sollten wir dann die Stimme entwickeln? Doch ist es dank der Stimme, dass wir mit anderen in Verbindung treten können. Es ist die Stimme, die den Gedanken übermittelt.

Wir alle wissen gut, dass ein Gedanke richtig oder falsch verstanden werden kann, gemäss dem Klang der Stimme, mit dem dieser Gedanke übermittelt wurde. Wir können etwas mit einer lächelnden Stimme sagen und das gleiche mit einer mürrischen Stimme, und dies wird einen völlig unterschiedlichen Eindruck auf die Person machen, die dies hört, obwohl es der gleiche Gedanke ist. Die Entwicklung der Stimme - unabhängig davon, was sie für Sänger bedeutet - ist in Wirklichkeit eine der Techniken, die uns zur Verfügung steht, dank der wir alles mitteilen können, was unsere Persönlichkeit ausmacht. Die Stimme ist eine der vielen Zauber der Persönlichkeit desjenigen, der sich bemüht hat, sein rohes Ego in einen wunderbaren Edelstein zu verwandeln, dessen Ausstrahlung andere erfreut.

Ein anderer wichtiger Aspekt des Chromatischen Zikars ist, dass er auch eine Atemübung ist. Wenn wir ihn üben, atmen wir durch den Mund aus; und wir wissen, dass das Ausatmen durch den Mund bedeutet, negative Schwingungen auszustossen, nicht nur jene des Gemüts, sondern auch physische Gifte. Darüber hinaus ist der Chromatische Zikar ein Training des Gemütes; weil wenn wir den Atem mit der Muskelbewegung der Stimmbänder koordinieren, üben wir in

Wirklichkeit Konzentration. Es ist das Gemüt, das dem Atem und allen Muskeln sagt, nun geht du dorthin und du dahin, und du an einen dritten Ort. Das Gemüt arbeitet am Atem und richtet ihn auf eine bestimmte Tonhöhe, wenn wir diese oder jene Note singen. Es ist ein Willensakt, nicht etwas Unwillkürliches. Wir wollen eine Verbindung schaffen zwischen Atem, Gemüt und den Stimmbändern. Dies ist eine vollständig konzentrierte Koordination.

Wenn wir dem Chromatischen Zikar die Technik beifügen, den Blick auf einen Punkt zu richten, wissen wir da, was wir in Wirklichkeit tun? Es sieht so einfach aus, doch in Wirklichkeit erfahren wir eine geistige Übung. Wir entdecken, dass es zwischen dem Punkt und dem Hirn eine Verbindung gibt, wie ein unsichtbarer Draht. Woraus besteht dieser Draht? Er setzt sich aus all den schwingenden Partikeln des Gemüts zusammen, die sich als Schwingungsstrahl zwischen dem Gemüt und dem anvisierten Punkt manifestiert. Er ist ein leuchtender Strahl. Wenn wir diese Übung ausführen, werden wir uns dieses leuchtenden Strahls bewusst, er wird zu einer sehr wertvollen geistigen Übung. Wir knipsen das Licht der Chakras an.